THEO VON TAANE

ÜBERWEISUNGSDATEN LOGBUCH

DAS BUCH ZUR OFFLINE SPEICHERUNG IHRER ÜBERWEISUNGSDATEN

DIESES BUCH GEHÖRT	
NAME, VORNAME:	
STRASSE / NR.:	AF160272
PLZ / ORT:	
TELE / HANDY:	
EMAIL.:	
BEMERKUNG.:	

Bibliografische Information der Deutschen Nationalbibliothek:
Die Deutsche Nationalbibliothek verzeichnet diese Publikation in der Deutschen Nationalbibliografie; detaillierte bibliografische Daten sind im Internet über http://dnb.dnb.de abrufbar.

© 2016 Theo von Taane.; 1. Auflage

Texte & Covergrafik: **Theo von Taane © 2016**

Herstellung und Verlag: BoD – Books on Demand, Norderstedt

ISBN: 9783739248110

TITEL:

BEGÜNSTIGTER: NAME, VORNAME/FIRMA:

IBAN BZW. KONTO-NR DES BEGÜNSTIGTEN UND BANK-CODE:

BIC (SWIFT-CODE):

KREDITINSTITUT DES BEGÜNSTIGTEN:

BETRAG:

VERWENDUNGSZWECK – KUNDEN REFERENZNUMMER:

NOTIZEN:

TITEL:

BEGÜNSTIGTER: NAME, VORNAME/FIRMA:

IBAN BZW. KONTO-NR DES BEGÜNSTIGTEN UND BANK-CODE:

BIC (SWIFT-CODE):

KREDITINSTITUT DES BEGÜNSTIGTEN:

BETRAG:

VERWENDUNGSZWECK – KUNDEN REFERENZNUMMER:

NOTIZEN:

TITEL:

BEGÜNSTIGTER: NAME, VORNAME/FIRMA:

IBAN BZW. KONTO-NR DES BEGÜNSTIGTEN UND BANK-CODE:

BIC (SWIFT-CODE):

KREDITINSTITUT DES BEGÜNSTIGTEN:

BETRAG:

VERWENDUNGSZWECK – KUNDEN REFERENZNUMMER:

NOTIZEN:

TITEL:

BEGÜNSTIGTER: NAME, VORNAME/FIRMA:

IBAN BZW. KONTO-NR DES BEGÜNSTIGTEN UND BANK-CODE:

BIC (SWIFT-CODE):

KREDITINSTITUT DES BEGÜNSTIGTEN:

BETRAG:

VERWENDUNGSZWECK – KUNDEN REFERENZNUMMER:

NOTIZEN:

TITEL:

BEGÜNSTIGTER: NAME, VORNAME/FIRMA:

IBAN BZW. KONTO-NR DES BEGÜNSTIGTEN UND BANK-CODE:

BIC (SWIFT-CODE):

KREDITINSTITUT DES BEGÜNSTIGTEN:

BETRAG:

VERWENDUNGSZWECK – KUNDEN REFERENZNUMMER:

NOTIZEN:

TITEL:

BEGÜNSTIGTER: NAME, VORNAME/FIRMA:

IBAN BZW. KONTO-NR DES BEGÜNSTIGTEN UND BANK-CODE:

BIC (SWIFT-CODE):

KREDITINSTITUT DES BEGÜNSTIGTEN:

BETRAG:

VERWENDUNGSZWECK – KUNDEN REFERENZNUMMER:

NOTIZEN:

TITEL:

BEGÜNSTIGTER: NAME, VORNAME/FIRMA:

IBAN BZW. KONTO-NR DES BEGÜNSTIGTEN UND BANK-CODE:

BIC (SWIFT-CODE):

KREDITINSTITUT DES BEGÜNSTIGTEN:

BETRAG:

VERWENDUNGSZWECK – KUNDEN REFERENZNUMMER:

NOTIZEN:

TITEL:

BEGÜNSTIGTER: NAME, VORNAME/FIRMA:

IBAN BZW. KONTO-NR DES BEGÜNSTIGTEN UND BANK-CODE:

BIC (SWIFT-CODE):

KREDITINSTITUT DES BEGÜNSTIGTEN:

BETRAG:

VERWENDUNGSZWECK – KUNDEN REFERENZNUMMER:

NOTIZEN:

TITEL:

BEGÜNSTIGTER: NAME, VORNAME/FIRMA:

IBAN BZW. KONTO-NR DES BEGÜNSTIGTEN UND BANK-CODE:

BIC (SWIFT-CODE):

KREDITINSTITUT DES BEGÜNSTIGTEN:

BETRAG:

VERWENDUNGSZWECK – KUNDEN REFERENZNUMMER:

NOTIZEN:

TITEL:

BEGÜNSTIGTER: NAME, VORNAME/FIRMA:

IBAN BZW. KONTO-NR DES BEGÜNSTIGTEN UND BANK-CODE:

BIC (SWIFT-CODE):

KREDITINSTITUT DES BEGÜNSTIGTEN:

BETRAG:

VERWENDUNGSZWECK – KUNDEN REFERENZNUMMER:

NOTIZEN:

TITEL:

BEGÜNSTIGTER: NAME, VORNAME/FIRMA:

IBAN BZW. KONTO-NR DES BEGÜNSTIGTEN UND BANK-CODE:

BIC (SWIFT-CODE):

KREDITINSTITUT DES BEGÜNSTIGTEN:

BETRAG:

VERWENDUNGSZWECK – KUNDEN REFERENZNUMMER:

NOTIZEN:

TITEL:

BEGÜNSTIGTER: NAME, VORNAME/FIRMA:

IBAN BZW. KONTO-NR DES BEGÜNSTIGTEN UND BANK-CODE:

BIC (SWIFT-CODE):

KREDITINSTITUT DES BEGÜNSTIGTEN:

BETRAG:

VERWENDUNGSZWECK – KUNDEN REFERENZNUMMER:

NOTIZEN:

TITEL:

BEGÜNSTIGTER: NAME, VORNAME/FIRMA:

IBAN BZW. KONTO-NR DES BEGÜNSTIGTEN UND BANK-CODE:

BIC (SWIFT-CODE):

KREDITINSTITUT DES BEGÜNSTIGTEN:

BETRAG:

VERWENDUNGSZWECK – KUNDEN REFERENZNUMMER:

NOTIZEN:

TITEL:

BEGÜNSTIGTER: NAME, VORNAME/FIRMA:

IBAN BZW. KONTO-NR DES BEGÜNSTIGTEN UND BANK-CODE:

BIC (SWIFT-CODE):

KREDITINSTITUT DES BEGÜNSTIGTEN:

BETRAG:

VERWENDUNGSZWECK – KUNDEN REFERENZNUMMER:

NOTIZEN:

TITEL:

BEGÜNSTIGTER: NAME, VORNAME/FIRMA:

IBAN BZW. KONTO-NR DES BEGÜNSTIGTEN UND BANK-CODE:

BIC (SWIFT-CODE):

KREDITINSTITUT DES BEGÜNSTIGTEN:

BETRAG:

VERWENDUNGSZWECK – KUNDEN REFERENZNUMMER:

NOTIZEN:

TITEL:

BEGÜNSTIGTER: NAME, VORNAME/FIRMA:

IBAN BZW. KONTO-NR DES BEGÜNSTIGTEN UND BANK-CODE:

BIC (SWIFT-CODE):

KREDITINSTITUT DES BEGÜNSTIGTEN:

BETRAG:

VERWENDUNGSZWECK – KUNDEN REFERENZNUMMER:

NOTIZEN:

TITEL:

BEGÜNSTIGTER: NAME, VORNAME/FIRMA:

IBAN BZW. KONTO-NR DES BEGÜNSTIGTEN UND BANK-CODE:

BIC (SWIFT-CODE):

KREDITINSTITUT DES BEGÜNSTIGTEN:

BETRAG:

VERWENDUNGSZWECK – KUNDEN REFERENZNUMMER:

NOTIZEN:

TITEL:

BEGÜNSTIGTER: NAME, VORNAME/FIRMA:

IBAN BZW. KONTO-NR DES BEGÜNSTIGTEN UND BANK-CODE:

BIC (SWIFT-CODE):

KREDITINSTITUT DES BEGÜNSTIGTEN:

BETRAG:

VERWENDUNGSZWECK – KUNDEN REFERENZNUMMER:

NOTIZEN:

TITEL:

BEGÜNSTIGTER: NAME, VORNAME/FIRMA:

IBAN BZW. KONTO-NR DES BEGÜNSTIGTEN UND BANK-CODE:

BIC (SWIFT-CODE):

KREDITINSTITUT DES BEGÜNSTIGTEN:

BETRAG:

VERWENDUNGSZWECK – KUNDEN REFERENZNUMMER:

NOTIZEN:

TITEL:

BEGÜNSTIGTER: NAME, VORNAME/FIRMA:

IBAN BZW. KONTO-NR DES BEGÜNSTIGTEN UND BANK-CODE:

BIC (SWIFT-CODE):

KREDITINSTITUT DES BEGÜNSTIGTEN:

BETRAG:

VERWENDUNGSZWECK – KUNDEN REFERENZNUMMER:

NOTIZEN:

TITEL:

BEGÜNSTIGTER: NAME, VORNAME/FIRMA:

IBAN BZW. KONTO-NR DES BEGÜNSTIGTEN UND BANK-CODE:

BIC (SWIFT-CODE):

KREDITINSTITUT DES BEGÜNSTIGTEN:

BETRAG:

VERWENDUNGSZWECK – KUNDEN REFERENZNUMMER:

NOTIZEN:

TITEL:

BEGÜNSTIGTER: NAME, VORNAME/FIRMA:

IBAN BZW. KONTO-NR DES BEGÜNSTIGTEN UND BANK-CODE:

BIC (SWIFT-CODE):

KREDITINSTITUT DES BEGÜNSTIGTEN:

BETRAG:

VERWENDUNGSZWECK – KUNDEN REFERENZNUMMER:

NOTIZEN:

TITEL:

BEGÜNSTIGTER: NAME, VORNAME/FIRMA:

IBAN BZW. KONTO-NR DES BEGÜNSTIGTEN UND BANK-CODE:

BIC (SWIFT-CODE):

KREDITINSTITUT DES BEGÜNSTIGTEN:

BETRAG:

VERWENDUNGSZWECK – KUNDEN REFERENZNUMMER:

NOTIZEN:

TITEL:

BEGÜNSTIGTER: NAME, VORNAME/FIRMA:

IBAN BZW. KONTO-NR DES BEGÜNSTIGTEN UND BANK-CODE:

BIC (SWIFT-CODE):

KREDITINSTITUT DES BEGÜNSTIGTEN:

BETRAG:

VERWENDUNGSZWECK – KUNDEN REFERENZNUMMER:

NOTIZEN:

TITEL:

BEGÜNSTIGTER: NAME, VORNAME/FIRMA:

IBAN BZW. KONTO-NR DES BEGÜNSTIGTEN UND BANK-CODE:

BIC (SWIFT-CODE):

KREDITINSTITUT DES BEGÜNSTIGTEN:

BETRAG:

VERWENDUNGSZWECK – KUNDEN REFERENZNUMMER:

NOTIZEN:

TITEL:

BEGÜNSTIGTER: NAME, VORNAME/FIRMA:

IBAN BZW. KONTO-NR DES BEGÜNSTIGTEN UND BANK-CODE:

BIC (SWIFT-CODE):

KREDITINSTITUT DES BEGÜNSTIGTEN:

BETRAG:

VERWENDUNGSZWECK – **KUNDEN REFERENZNUMMER:**

NOTIZEN:

TITEL:

BEGÜNSTIGTER: NAME, VORNAME/FIRMA:

IBAN BZW. KONTO-NR DES BEGÜNSTIGTEN UND BANK-CODE:

BIC (SWIFT-CODE):

KREDITINSTITUT DES BEGÜNSTIGTEN:

BETRAG:

VERWENDUNGSZWECK – KUNDEN REFERENZNUMMER:

NOTIZEN:

TITEL:

BEGÜNSTIGTER: NAME, VORNAME/FIRMA:

IBAN BZW. KONTO-NR DES BEGÜNSTIGTEN UND BANK-CODE:

BIC (SWIFT-CODE):

KREDITINSTITUT DES BEGÜNSTIGTEN:

BETRAG:

VERWENDUNGSZWECK – KUNDEN REFERENZNUMMER:

NOTIZEN:

TITEL:

BEGÜNSTIGTER: NAME, VORNAME/FIRMA:

IBAN BZW. KONTO-NR DES BEGÜNSTIGTEN UND BANK-CODE:

BIC (SWIFT-CODE):

KREDITINSTITUT DES BEGÜNSTIGTEN:

BETRAG:

VERWENDUNGSZWECK – KUNDEN REFERENZNUMMER:

NOTIZEN:

TITEL:

BEGÜNSTIGTER: NAME, VORNAME/FIRMA:

IBAN BZW. KONTO-NR DES BEGÜNSTIGTEN UND BANK-CODE:

BIC (SWIFT-CODE):

KREDITINSTITUT DES BEGÜNSTIGTEN:

BETRAG:

VERWENDUNGSZWECK – KUNDEN REFERENZNUMMER:

NOTIZEN:

TITEL:

BEGÜNSTIGTER: NAME, VORNAME/FIRMA:

IBAN BZW. KONTO-NR DES BEGÜNSTIGTEN UND BANK-CODE:

BIC (SWIFT-CODE):

KREDITINSTITUT DES BEGÜNSTIGTEN:

BETRAG:

VERWENDUNGSZWECK – KUNDEN REFERENZNUMMER:

NOTIZEN:

TITEL:

BEGÜNSTIGTER: NAME, VORNAME/FIRMA:

IBAN BZW. KONTO-NR DES BEGÜNSTIGTEN UND BANK-CODE:

BIC (SWIFT-CODE):

KREDITINSTITUT DES BEGÜNSTIGTEN:

BETRAG:

VERWENDUNGSZWECK – KUNDEN REFERENZNUMMER:

NOTIZEN:

TITEL:

BEGÜNSTIGTER: NAME, VORNAME/FIRMA:

IBAN BZW. KONTO-NR DES BEGÜNSTIGTEN UND BANK-CODE:

BIC (SWIFT-CODE):

KREDITINSTITUT DES BEGÜNSTIGTEN:

BETRAG:

VERWENDUNGSZWECK – KUNDEN REFERENZNUMMER:

NOTIZEN:

TITEL:

BEGÜNSTIGTER: NAME, VORNAME/FIRMA:

IBAN BZW. KONTO-NR DES BEGÜNSTIGTEN UND BANK-CODE:

BIC (SWIFT-CODE):

KREDITINSTITUT DES BEGÜNSTIGTEN:

BETRAG:

VERWENDUNGSZWECK – KUNDEN REFERENZNUMMER:

NOTIZEN:

TITEL:

BEGÜNSTIGTER: NAME, VORNAME/FIRMA:

IBAN BZW. KONTO-NR DES BEGÜNSTIGTEN UND BANK-CODE:

BIC (SWIFT-CODE):

KREDITINSTITUT DES BEGÜNSTIGTEN:

BETRAG:

VERWENDUNGSZWECK – KUNDEN REFERENZNUMMER:

NOTIZEN:

TITEL:

BEGÜNSTIGTER: NAME, VORNAME/FIRMA:

IBAN BZW. KONTO-NR DES BEGÜNSTIGTEN UND BANK-CODE:

BIC (SWIFT-CODE):

KREDITINSTITUT DES BEGÜNSTIGTEN:

BETRAG:

VERWENDUNGSZWECK – KUNDEN REFERENZNUMMER:

NOTIZEN:

TITEL:

BEGÜNSTIGTER: NAME, VORNAME/FIRMA:

IBAN BZW. KONTO-NR DES BEGÜNSTIGTEN UND BANK-CODE:

BIC (SWIFT-CODE):

KREDITINSTITUT DES BEGÜNSTIGTEN:

BETRAG:

VERWENDUNGSZWECK – KUNDEN REFERENZNUMMER:

NOTIZEN:

TITEL:

BEGÜNSTIGTER: NAME, VORNAME/FIRMA:

IBAN BZW. KONTO-NR DES BEGÜNSTIGTEN UND BANK-CODE:

BIC (SWIFT-CODE):

KREDITINSTITUT DES BEGÜNSTIGTEN:

BETRAG:

VERWENDUNGSZWECK – KUNDEN REFERENZNUMMER:

NOTIZEN:

TITEL:

BEGÜNSTIGTER: NAME, VORNAME/FIRMA:

IBAN BZW. KONTO-NR DES BEGÜNSTIGTEN UND BANK-CODE:

BIC (SWIFT-CODE):

KREDITINSTITUT DES BEGÜNSTIGTEN:

BETRAG:

VERWENDUNGSZWECK – KUNDEN REFERENZNUMMER:

NOTIZEN:

TITEL:

BEGÜNSTIGTER: NAME, VORNAME/FIRMA:

IBAN BZW. KONTO-NR DES BEGÜNSTIGTEN UND BANK-CODE:

BIC (SWIFT-CODE):

KREDITINSTITUT DES BEGÜNSTIGTEN:

BETRAG:

VERWENDUNGSZWECK – KUNDEN REFERENZNUMMER:

NOTIZEN:

TITEL:

BEGÜNSTIGTER: NAME, VORNAME/FIRMA:

IBAN BZW. KONTO-NR DES BEGÜNSTIGTEN UND BANK-CODE:

BIC (SWIFT-CODE):

KREDITINSTITUT DES BEGÜNSTIGTEN:

BETRAG:

VERWENDUNGSZWECK – KUNDEN REFERENZNUMMER:

NOTIZEN:

TITEL:

BEGÜNSTIGTER: NAME, VORNAME/FIRMA:

IBAN BZW. KONTO-NR DES BEGÜNSTIGTEN UND BANK-CODE:

BIC (SWIFT-CODE):

KREDITINSTITUT DES BEGÜNSTIGTEN:

BETRAG:

VERWENDUNGSZWECK – KUNDEN REFERENZNUMMER:

NOTIZEN:

TITEL:

BEGÜNSTIGTER: NAME, VORNAME/FIRMA:

IBAN BZW. KONTO-NR DES BEGÜNSTIGTEN UND BANK-CODE:

BIC (SWIFT-CODE):

KREDITINSTITUT DES BEGÜNSTIGTEN:

BETRAG:

VERWENDUNGSZWECK – KUNDEN REFERENZNUMMER:

NOTIZEN:

TITEL:

BEGÜNSTIGTER: NAME, VORNAME/FIRMA:

IBAN BZW. KONTO-NR DES BEGÜNSTIGTEN UND BANK-CODE:

BIC (SWIFT-CODE):

KREDITINSTITUT DES BEGÜNSTIGTEN:

BETRAG:

VERWENDUNGSZWECK – KUNDEN REFERENZNUMMER:

NOTIZEN:

TITEL:

BEGÜNSTIGTER: NAME, VORNAME/FIRMA:

IBAN BZW. KONTO-NR DES BEGÜNSTIGTEN UND BANK-CODE:

BIC (SWIFT-CODE):

KREDITINSTITUT DES BEGÜNSTIGTEN:

BETRAG:

VERWENDUNGSZWECK – KUNDEN REFERENZNUMMER:

NOTIZEN:

TITEL:

BEGÜNSTIGTER: NAME, VORNAME/FIRMA:

IBAN BZW. KONTO-NR DES BEGÜNSTIGTEN UND BANK-CODE:

BIC (SWIFT-CODE):

KREDITINSTITUT DES BEGÜNSTIGTEN:

BETRAG:

VERWENDUNGSZWECK – KUNDEN REFERENZNUMMER:

NOTIZEN:

TITEL:

BEGÜNSTIGTER: NAME, VORNAME/FIRMA:

IBAN BZW. KONTO-NR DES BEGÜNSTIGTEN UND BANK-CODE:

BIC (SWIFT-CODE):

KREDITINSTITUT DES BEGÜNSTIGTEN:

BETRAG:

VERWENDUNGSZWECK – KUNDEN REFERENZNUMMER:

NOTIZEN:

TITEL:	

BEGÜNSTIGTER: NAME, VORNAME/FIRMA:

IBAN BZW. KONTO-NR DES BEGÜNSTIGTEN UND BANK-CODE:

BIC (SWIFT-CODE):

KREDITINSTITUT DES BEGÜNSTIGTEN:

BETRAG:

VERWENDUNGSZWECK – KUNDEN REFERENZNUMMER:

NOTIZEN:

TITEL:

BEGÜNSTIGTER: NAME, VORNAME/FIRMA:

IBAN BZW. KONTO-NR DES BEGÜNSTIGTEN UND BANK-CODE:

BIC (SWIFT-CODE):

KREDITINSTITUT DES BEGÜNSTIGTEN:

BETRAG:

VERWENDUNGSZWECK – KUNDEN REFERENZNUMMER:

NOTIZEN:

TITEL:

BEGÜNSTIGTER: NAME, VORNAME/FIRMA:

IBAN BZW. KONTO-NR DES BEGÜNSTIGTEN UND BANK-CODE:

BIC (SWIFT-CODE):

KREDITINSTITUT DES BEGÜNSTIGTEN:

BETRAG:

VERWENDUNGSZWECK – KUNDEN REFERENZNUMMER:

NOTIZEN:

TITEL:

BEGÜNSTIGTER: NAME, VORNAME/FIRMA:

IBAN BZW. KONTO-NR DES BEGÜNSTIGTEN UND BANK-CODE:

BIC (SWIFT-CODE):

KREDITINSTITUT DES BEGÜNSTIGTEN:

BETRAG:

VERWENDUNGSZWECK – KUNDEN REFERENZNUMMER:

NOTIZEN:

TITEL:

BEGÜNSTIGTER: NAME, VORNAME/FIRMA:

IBAN BZW. KONTO-NR DES BEGÜNSTIGTEN UND BANK-CODE:

BIC (SWIFT-CODE):

KREDITINSTITUT DES BEGÜNSTIGTEN:

BETRAG:

VERWENDUNGSZWECK – KUNDEN REFERENZNUMMER:

NOTIZEN:

TITEL:

BEGÜNSTIGTER: NAME, VORNAME/FIRMA:

IBAN BZW. KONTO-NR DES BEGÜNSTIGTEN UND BANK-CODE:

BIC (SWIFT-CODE):

KREDITINSTITUT DES BEGÜNSTIGTEN:

BETRAG:

VERWENDUNGSZWECK – KUNDEN REFERENZNUMMER:

NOTIZEN:

TITEL:

BEGÜNSTIGTER: NAME, VORNAME/FIRMA:

IBAN BZW. KONTO-NR DES BEGÜNSTIGTEN UND BANK-CODE:

BIC (SWIFT-CODE):

KREDITINSTITUT DES BEGÜNSTIGTEN:

BETRAG:

VERWENDUNGSZWECK – KUNDEN REFERENZNUMMER:

NOTIZEN:

TITEL:

BEGÜNSTIGTER: NAME, VORNAME/FIRMA:

IBAN BZW. KONTO-NR DES BEGÜNSTIGTEN UND BANK-CODE:

BIC (SWIFT-CODE):

KREDITINSTITUT DES BEGÜNSTIGTEN:

BETRAG:

VERWENDUNGSZWECK – KUNDEN REFERENZNUMMER:

NOTIZEN:

NOTIZEN:

NOTIZEN:

Notizen:

NOTIZEN: